AF590352

LOUIS XII A SON PEUPLE

desrais inv. Frussotte Sculp

Vous la voyez cette Couronne fille de l'ambition
je ne veux la Conserver que pour vous deffendre
Et vous rendre heureux

REMARQUES PATRIOTIQUES,

Par la CITOYENNE, *Auteur de la Lettre au Peuple.*

MA lettre au Peuple, ou le projet d'une Caiſſe patriotique, a ému les belles ames. Elle a excité la critique des mauvais Citoyens. Ils oſent même dire que le caractère français eſt éteint, & que l'égoïſme eſt actuellement l'eſprit dominant de la Nation. Ah! s'il n'a pas brûlé juſqu'à préſent pour la Patrie, il peut renaître de ſa cendre. La France a peut-être été trop floriſſante juſqu'à ce ſiècle; elle a excité l'envie de toutes les nations, & pour un choc violent qu'elle éprouve, faut-il qu'elle se perde elle-même? O France, France! relève ton front altier, & n'inspire point à tes voisins le sentiment de la pitié. Que le Peuple, les Parlemens & le Roi ne forment qu'une même famille, & la Nation reprendra bientôt sa première splendeur. Et vous, ennemis de vos frères, de votre Roi & du repos public; étouffez cet esprit de révolte & de discorde, qui n'entraîneroit que votre perte, & la chûte de l'État. La misère n'a déjà que trop assiégé votre Pays; craignez d'allumer les flambeaux de la guèrre, & de périr les premiers dans une infâme boucherie. Mes avis ne sont point bisarres; c'est en employant les matériaux de la vérité, que je prétends démontrer le danger, le bon, & l'utile. C'est une femme, qui ose se montrer si forte, & si courageuse pour son Roi, & pour sa Patrie.

La France est plongée dans la douleur; le Peuple souffre, & le Monarque gémit. Le Parlement demande les Etats-Généraux, & la Nation ne s'entend pas. Ils ſont indécis ſur la manière de s'aſſembler. Toutes ces altercations ſont des entraves au ſalut que l'Etat attend de leurs lumières. Le Tiers-Etat avec raiſon prétend avoir autant de voix que le Clergé & la Nobleſſe; mais la dignité de ces derniers ne veut point entendre que les organes du Peuple ſont des voix auſſi ſalutaires à l'adminiſtration des Finances, & aux prompts remèdes qu'on doit porter à un mal qui s'empire tous les jours. Il me ſemble voir un malade dans ſon lit, à qui il faut une prompte opération. Un habile Médecin l'ordonne ſur le champ ; mais les parens qui ont ſouvent des vues contraires à celles du ſage Médecin, demandent une conſultation de ce qu'il y a de mieux dans la Faculté, ſur la manière de faire l'opération. L'auguſte Aſſemblée d'Eſculape ne s'entend pas. On differte long-temps ; le mal devient déſeſpéré, ou le malade périt ; & le bon Médecin eſt le Tiers-Etat. Meſſieurs les Nobles ſont l'auguſte Aſſemblée des Médecins, à qui je repréſente, avec les droits que mon ſexe me donne, de laiſſer de côté le rang, les titres, & ce vain préjugé de ſes dignités idéales, & voler en foule faire l'opération du Royaume, chaſſer le mal, & introduire le bien.

Voilà ſur quelles conſéquences il faut diſcuter. La ſupériorité doit ſe taire, & faire place à la raiſon ; & dans une ſemblable calamité, Barons, Marquis, Comtes, Ducs, Princes, Evêques, Archevêques, Eminences, tout doit être citoyen ; tous doivent donner l'exemple de cet amour patriotique au reſte de la Nation, pour concourir enſemble au bonheur de l'Etat, & à la gloire de ſon Pays.

Le bien eſt-il donc ſi difficile à faire ? Oui, ſans doute, les Parlemens & le Souverain en font la triſte expérience ; mais je l'ai déjà dit, que le Roi & les Parlemens ne forment qu'un même cœur, & l'ame de la Patrie ſe ſignalera. Et pour mieux vous toucher de cette vérité, Puiſſances ſupérieures aux peuples, conſidérez le tableau effrayant que je vais retracer à vos yeux du plus grand nombre des citoyens. Le commerce eſt écraſé, une quantité innombrable d'ouvriers ſont ſans état & ſans pain, que deviennent-ils ? Pourriez-vous en rendre compte ſans frémir ? Tout eſt arrêté, le riche impitoyable cache ſon argent ; vil inſtrument de ſa cupidité, peut-il prolonger ſes jours, peut-il les rendre plus heureux ? Ces tréſors dans l'inaction, quel bien peuvent-ils faire à perſonne ? C'eſt à l'Etat qu'il faut les offrir, & les offrir ſans aucun intérêt, tel qu'ils les plaçent dans leur coffre-fort ; mais dans la caiſſe de la nation, ils vous rapporteront un prix au-deſſus de leur valeur, vos collatéraux, après vous, s'applaudiront de trouver dans votre fortune de tels recouvremens, vous leur laiſſerez la gloire & l'honneur qui éterniſeront votre mémoire. Si une ſi belle victoire n'émeut point vos ames abjectes, craignez le déſeſpoir des malheureux & des révoltés. Vous ne ſauriez vous le diſſimuler, c'eſt toujours ſur les riches qu'ils portent leurs mains hardies & meurtrières, & ſouvent dans leurs fureurs ils ne diſtinguent pas les bons d'avec les méchans. Dans un Etat de Monarchie, tel que la France, le peuple ne peut être heureux qu'autant que l'Etat n'eſt point obéré; ſa vraie conſtitution eſt fondée ſur l'amour de ſon pays & de ſon Roi : voilà les Francs, voilà leurs véritables vertus. Si elles n'exiſtent plus dans la nation, la nation eſt perdue, elle ſera livrée au pillage des brigands, & peut-être ſoumiſe aux Puiſſances ennemies.

C'eſt donc à vous, grands, ſages, bons citoyens à détourner les maux, que je redoute pour ma Patrie. Il ſe peut que mon cœur pénétré ſe ſoit trop allarmé de ſes craintes, & que cette crainte m'ait fait voir un danger évident. Ah, combien de fois les Etats ſe ſont perdus, faute de prévoir les grands événemens ! Ce ſont de ces cauſes célèbres où chacun eſt intéreſſé, & le parti le plus puiſſant doit entendre & recevoir avec plaiſir les avis du parti le plus foible. C'eſt ſur les intérêts du public

& de l'Etat qu'il faut prononcer : mais en prononçant, il faut les unir & les accorder, & si vous les divisez, vous les perdez tous deux. Je sais que dans un temps heureux les maximes de l'Etat sont différentes de celles du public, & que la politique du Gouvernement ne permettroit point aucune observation relativement à ses administrations ; mais devenu plus humain que politique, plus sage que vain, il écoute & reçoit avec plaisir les avis de chacun, quand ils ne tendent qu'au salut général. Le premier instant des têtes citoyennes produit quelquefois les plus grands revers ; mais leur retour sage & salutaire répare bientôt un instant de fermentation. Tel qu'on voit actuellement les Arrêtés du Parlement. Le mal s'est empiré par trop de zèle, mais ce mal peut se réparer par ce même zèle. Unissez-vous donc, Messieurs, & ne perdez point de vue l'impôt volontaire, & quel foible que soit l'Auteur dans ses rayons de lumières, ils n'en sont pas moins utiles pour le bien de la France. Souvent les moyens les plus ſimples ont produit de grands effets ; craindroit-on de les employer, parce qu'ils ſont faciles ? Craindroit-on de les mettre à exécution, parce que c'eſt une femme qui les propoſe ? Craindroit-on d'obſcurcir l'éclat de la Couronne, en offrant à ſon Roi un don pur & volontaire, quand il peut, à ſon gré, créer des impôts ? Y a-t-il plus à rougir de recevoir de la part de ſes ſujets un ſervice, que de les forcer la bayonnette au bout du fuſil de vous l'accorder ? Il me ſemble que les impôts ſont ainſi exécutés, ou je ne me connois point en matière politique. Il me ſemble auſſi que dans les temps de guerre, différentes villes maritimes ont offert au Roi des vaiſſeaux qu'il a acceptés ſans rougir, & je ne vois pas de différence dans le projet de la caiſſe patriotique pour la dette nationale, ou je n'ai point l'ombre du ſens commun. Craindroit-on que cet impôt n'eût point l'effet que j'en promets ? Et quand cela ſeroit, par ce moyen on s'inſtruiroit du véritable caractère François. Cette expérience feroit peut-être très-utile à l'Etat & à la Nation, & ce moyen facile, fans effet, donneroit fans doute des points de vues pour ceux qui conviennent actuellement.

Un Ecrivain fameux pourroit mettre plus de chaleur, plus d'énergie dans fes apperçus; mais il n'y fauroit mettre plus de conféquence, plus de zèle, & plus d'amour que moi. Tout bon Citoyen a droit de donner fes idées dans le moment où fon pays eft dans la confternation la plus profonde. On ne doit rien cacher, & les Ecrivains les plus intègres doivent dire ce qu'ils voyent, ce qu'ils entendent & ce qu'ils fentent. Je ne fuis d'aucun parti; j'ignore s'il en exifte quelqu'un véritablement; malheur à ceux qui en fufcitent d'auffi nuifibles qu'extravagans; le bien feul, de mon pays, excite ma verve & enflamme mes efprits. Et vous, malheureux Citoyens, Peuple infortuné, voyez avec quel courage je m'expofe, pour mettre fous les yeux du Monarque les tableaux effrayans de vos triftes fituations; oui, j'ofe efpérer qu'il en fera touché, & que les maux où vous a réduit fa Religion trompée, l'éclaireront pour l'avenir fur votre fort. L'homme ne s'inftruit que par l'expérience : & vous, grand Roi, fouffirez que je vous expofe ce que vous fentez fi bien; que les vertus d'un véritable homme font toujours un bon Roi; que vous êtes né avec fes vertus, mais que vous fûtes trompé comme tous vos prédéceffeurs. Je fuis loin d'accufer vos miniftres difgraciés; ils ont été peut-être de même que vous trompés, ou fe font trompés eux-mêmes; mais combien leur malheur doit éclairer ceux d'aujourd'hui; mieux difpofés, fans doute, le mauvais exemple n'influera pas fur leur noble procédé; la voix publique pourfuit actuellement les Miniftres jufques dans leurs retraites; quelle fatisfaction pour l'honnête homme, de quitter le miniftère avec l'eftime du Monarque, & l'amour du Public! Il faut auffi convenir qu'un honnête Miniſtre aura ſouvent mérité l'un & l'autre, & qu'un ſort contraire lui ravit cet avantage. On nè réuſſit pas toujours à faire le bien; faites un mécontent, vous vous attirez cent ennemis. Il eſt impoſſible à un Miniſtre de faire des heureux ſans déplaire à perſonne; ſouvent le crédit & la protection placent & déplacent à leur gré, ou involontairement leurs protégés : les Princes & les Seigneurs aſſiègent ſans ceſſent les Miniſtres de leurs recommandations. On veut ſe tenir en place, les graces ſont dans leur portefeuille; atrappe qui peut; & ce ne ſont pas toujours les plus ſages & les plus honnêtes gens qui réuſſiſſent. Le crédit des Grands influe, pour beaucoup, ſur l'intégrité des Miniſtres. La Cour ne devroit jamais rien demander aux hommes en place, puiſqu'elle n'a pas des Commis, des Inſpecteurs pour s'informer ſur le compte de ſes protégés. J'aurois deſiré qu'il me fût permis de citer, à cet égard, un fait mémorable de la part de la Reine,

& qui caractérise la bonté & l'esprit de cette Princesse.

Assise sur le Trône, adorée du plus vertueux des hommes & du meilleur des Rois; son humanité bienfaisante la fera venir au secours des malheureux; privés de force, d'asyle, & du nécessaire, elle sera sans cesse l'appui des vieillards, la consolation des veuves & des orphelins.

O Reine toute puissante! & vous Roi des François, on vous a fait un faible récit des maux de vos Peuples; on vous peint leurs peines, leurs misères, leurs chagrins, avec des couleurs favorables; on évite l'occasion de vous affliger, &, pour soulager vos sujets, il faut vous affliger de leurs maux. La détresse de vos Finances vous fait éprouver quelques contrariétés; vous souffrez, parce que vous êtes instruits que votre Peuple n'est point heureux. Point heureux! Ah, Sire! entre le bonheur & le malheur il y a une situation soutenable, & c'est celle où vous croyez votre Peuple; mais celle qui exiſte & que je ne puis vous exprimer ſans frémir, eſt l'état déplorable d'un tiers du Peuple, & du tiers le plus recommandable; les mâçons, les hommes qui travaillent à la terre, qui n'ont pour toute fortune que les travaux de leurs bras pour nourrir leurs femmes & leurs enfans. Depuis un mois que l'entrée de l'hiver s'eſt manifeſtée avec la plus grande rigueur, les travaux ſont arrêtés; les malheureux ouvriers manquent d'ouvrage & de pain pour leurs enfans; la plupart n'ayant pour aſyle que d'affreux greniers; ſans feu, ſans ſecours de perſonne; que deviennent-ils? Des ſcélérats involontaires, & que la nature & la misère ont forcés au crime: ce triſte ſpectacle ſe repréſente à chaque inſtant du jour. Il eſt un autre genre de malheureux; ce ſont les vieillards. Ah! combien leur ſort m'intéreſſe. Dans la belle ſaiſon ils s'occupent encore de quelques travaux qui les aident à traîner le reſte d'une miſérable vie; mais dans l'hiver, dans les gelées, les glaçons de l'âge n'ont déjà que trop réfroidi leur vigueur épuisée ; & n'ayant pas la force d'aller mendier leur pain, ils manquent des besoins les plus urgens de la vie. Ils s'enveloppent dans des haillons, sur leurs grabats, & on les trouve morts de faim, & gelés de froidure.

Un de ces infortunés vieillards avoit senti arriver son dernier moment, un reste de courage le force à quitter une espèce de taudis qu'on ne lui louoit pas moins un écu par mois. Comme il n'avoit pas de quoi le payer, depuis quelques tems, l'affreux guichetier de ce cabinet, cent fois plus féroce que ceux des cachots, choisit le moment où ce vieillard malheureux étoit sorti pour aller se procurer un peu de nourriture ; il monte, il a la cruauté de lui crocheter sa porte, & il eut la barbarie de lui dire, à son retour, « qu'il » ne coucheroit pas dans sa maison qu'il » ne l'eût payé ». Le malheureux vieillard n'avoit trouvé aucun secours, & il étoit dix heures du soir. En vain, il sollicitoit ſon hôte de lui donner l'hoſpitalité pour la nuit; ce tigre eut l'affreux courage de lui refuſer. Ce pauvre vieillard monta à la dérobée vers ſon cabinet; &, s'aſſit, ſur le pas de la porte de ſon miſérable taudis, où l'attendoit ſa fin cruelle. Minuit n'étoit pas ſonné, qu'il n'étoit plus de ce monde. On ne voit que ſemblable événement dans Paris; le pain eſt cher, les travaux ne vont plus, & les malheureux manquent de tout. Il y a cependant de belles ames qui font de bonnes actions en faveur de l'indigence; mais c'eſt dans des mains étrangeres qu'ils font paſſer leurs bienfaits. Leurs dons ſont toujours mal diſtribués, & ce n'eſt preſque jamais les vrais infortunés qui ſont véritablement ſecourus dans Paris. Ah! que ne peut-on fonder des maiſons qui ne ſeroient ouvertes que dans l'hiver pour les ouvriers ſans travail, les vieillards ſans forces, les enfans ſans appui.

O Reine! ô juſte Monarque! veuille l'humanité ſouffrante que mon récit vous touche en faveur des infortunés dont je viens de vous tracer le déplorable ſort! La dette nationale éteinte, vous appuirez par votre bienfaiſance cette belle inſtitution; toutes les ames pures & généreuſes enverront, à cette adminiſtration, des ſommes immenſes. On déchargera MM. les Curés du pénible travail de ſoulager les malheureux, ils auront plus de temps pour ſe livrer au culte de la religion qui s'affoiblit tous les jours (*). Les malheu-

(*) L'événement qui vient d'arriver récemment, prouve que le fond d'une bonne religion & non du fanatiſme, rend les hommes vertueux & leur fait connoître de vrais remords.

Perſonne n'ignore que M. le Comte de G. a été déshonoré par le Sieur de M., qu'il oſat l'accuſer de différens crimes, entr'autre de lui avoir excroqué une ſomme conſidérable. L'Accuſateur eut la force & l'art terrible de mettre quelques vraiſemblances dans ſes accuſations, & de convaincre les Juges de la malverſation de M. de G. Celui-ci tomba ſous le poids de la calomnie, les faux témoins ne prévalurent pas pour peu à le faire condamner à un opprobre éternel. Ses biens furent confiſqués & ſon perſonnel dégradé d'honneur & de titre. Le malheureux M. de G. errant dans le monde, comme un ſecond Œdipe, ſans avoir commis de

reux

reux qu'ils viſiteroient iroient avec un billet de leur part ſe rendre dans ces maiſons qui ſeroient tenues ſainement & proprement, elles ne ſauroient obérer l'Etat, elles en feroient au contraire la richeſſe, puiſqu'elles ſeroient conſacrées à conſerver les citoyens. On devroit même donner dans ces établiſſemens de quoi entretenir l'émulation, on y occuperoit les ouvriers dans les ſaiſons les plus rigoureuſes, & ces maiſons pourroient ſe char-

---

crime innocemment ni volontairement, traînoit une miſérable vie. Un nom ſi fameux à la France, s'éteignoit dans l'opprobre & dans l'infamie, quand un Dieu juſte & protecteur des victimes, ſe préſenta tout vivant au pied du lit de mort de Mad. de M. Elle avoua à ſon Confeſſeur d'être la complice de tous les forfaits de ſon époux contre M. le Comte de G., & lui ajouta : « qu'elle ne mouroit » point ſatisfaite, ſi elle n'avouoit publiquement ſon crime, » pour rendre à M. de G. ce qui lui étoit dû. »

Le Confeſſeur n'eut garde d'empêcher un ſi noble projet, qui donnoit un ſi grand exemple de la bonne religion ; elle fit appeller un Notaire & ſon époux, & lui dit en préſence de l'homme de loi & de l'homme d'égliſe. « Je vais, » Monſieur, me ſéparer de vous & de la terre ; un génie » malfaiſant m'inſpirat le déſir coupable de vous ſeconder ger de beaucoup d'entreprises. Les veuves des ouvriers qui perdent leurs maris subitement, trouveroient dans ces asyles un prompt secours pour elles & leurs enfans. Combien de fois n'a-t-on pas vu de ces infortunées qui perdent leurs

---

» dans votre entreprise contre M. de G. Un Dieu vengeur » m'inspire & m'ordonne aujourd'hui de dévoiler votre » crime, & de rendre à l'innocent ce qui lui appartient; » j'ai fait appeller Monsieur, (en regardant le Notaire) » pour déposer entre ses mains l'aveu que je fais : vous » allez le signer; donnez-moi cette preuve d'attachement, » afin que ma conscience ne me poursuive pas au-delà du » trépas, & que je puisse mourir en paix. » Quel est l'époux barbare qui résistera à rendre à la vertu, à la religion, dans un moment aussi touchant, tout ce qu'il leur doit. M. de M. n'eut pas le front de démentir son épouse, & pénétré sans doute de ce terrible spectacle, de voir que l'homme à son dernier moment se détachoit du préjugé de la vie, du faste qu'il met à cacher ses crimes & qui ne peut rougir de les avouer aux hommes, dont il se sépare pour aller éternellement habiter auprès d'un Juge, à qui nul mortel ne peut en imposer, M. de M. avoua tout, & signa le testament de son épouse, qui mourut quelques heures après. M. le Comte de G. a été réhabilité, & M. de M. a été renvoyé du Corps dans lequel il servoit depuis trente ans. Mais l'infortune de son adversaire justement attirée, & la réhabilitation de la justice lui rendra-t-il ses biens?

ſoutiens dans un bâtiment, dans une carrière ou dans une foſſe; elles reſtent avec pluſieurs enfans ſans ſecours, & ſouvent elles ſont enceintes, quand on leur apporte leur maris morts ſur un brancard. Ce ſpectacle émeut quelques ames le premier

---

Pourront-ils effacer de ſon ame les maux qu'il a ſoufferts?

. . . .

. . . . , ...

. . . .

Ah! ſans doute, ce nom deviendra plus fameux par la cataſtrophe même qui l'avoit obſcurci.

Ce fait eſt remarquable, & je n'ai pas dû le négliger, pour prouver que la bonne religion ramène toujours les hommes à leurs devoirs. Il y en a qui n'en ont aucune que celle de la nature, & qui n'en ſont pas moins de fort honnêtes gens. Dieu ne l'établit pas ſans doute pour les hommes qui ſont naturellement bons; mais comme ils ſont composés de méchans! un dogme devint indiſpenſable; chaque nation s'eſt fait un culte différent, & comme je l'exprime dans mes Rêveries patriotiques; qu'importe l'opinion des hommes, pourvu que leurs opinions différentes s'adreſſent toutes à la fois au même Dieu.

C'eſt donc à tous les Miniſtres de la religion à maintenir le ſacré caractère de la loi de Dieu, à donner de bons exemples, & à veiller ſans ceſſe à la conſervation de cette loi: toute autre adminiſtration leur doit être interdite.

jour; mais comme tout eſt l'affaire du moment à Paris, les infortunées veuves reſtent quelques temps après, ſans ſecours, ſans pain, quand leurs enfans en leur tendant les bras leur en demandent à grands cris. Et dans les fortes gelées, ces enfans meurent en proie à des tourmens affreux, qui ajoutent encore à ceux de leurs mères.

O Sire ! vous qui connoiſſez quelle eſt la tâche d'un bon Roi, donnez, par votre bienfaiſance, l'exemple à tous les Potentats de la terre, de ſecourir leurs Peuples dans les momens de calamité ! Apprenez-leur encore à corriger les abus, & ſur-tout à recouvrer l'amour de leurs Sujets, quand ils l'ont perdu injuſtement, à régler leurs dépenſes ſur leurs revenus, à mettre quelques millions de côté, pour ſecourir les infortunés, dans les temps de criſes funeſtes à la Patrie, comme maladie épidémique, grêle, gelée, inondation, famine, pour parer les fléaux, dont la foible humanité n'eſt que trop ſouvent accablée, &

à fairedes exemples effrayans de ces Agioteurs infâmes qui, sans l'ordre du Gouvernement, & à son insu, dévastent le Royaume des bleds, & des farines, souvent en faveur des ennemis de l'Etat.

Six mois dans un Château fort, où l'on met ordinairement ces ennemis du genre humain, peuvent-ils les corriger?

C'est à la Reine, à qui je soumets mes réflexions patriotiques, & à qui je les dédie; sous sa protection elles auront l'effet que je dois en attendre. C'est en vain qu'on voudroit m'effrayer qu'elle n'en recevra point l'hommage. Elles peuvent peut-être blesser sa dignité, mais non pas ses vertus. Simple particulière, & n'ayant aucune voie, qui puisse m'approcher de sa Majesté; ah sans doute, le motif louable de cet écrit arrivera jusqu'à elle, & je ne désespère point de le voir imprimer avec son nom à la tête, qui prouvera combien elle aime les François, & combien elle encourage ceux qui s'occupent du bien général.

Et vous, SIRE, vous ne ſauriez condamner les moyens utiles que cet écrit vous offre, & qui vous dira, juſqu'à la fin, ce que vous penſez vous-même pour le bien de votre peuple; vous aimez l'ordre & la ſobriété; c'eſt donc à votre ſageſſe à ſe faire rendre compte tous les ans, par vos Miniſtres, de vos dépenſes & de vos revenus, &, ſous quelque prétexte que ce ſoit, ne pas permettre que les dépenſes excèdent les revenus; c'eſt avec cette conduite, cette ſévérité, que vous maintiendrez la gloire de votre trône inébranlable, que les ronces & les épines n'ont que trop entouré; mais bientôt, SIRE, vos vertus les fouleront à vos pieds, & vous verrez naître à la place les lys & les roſes. Il n'y a plus de barrières effroyables pour arriver juſqu'à vous; les Citoyens ne ſont plus gênés, plus obſervés, plus enfermés pour dire la vérité; & lorſque cette vérité eſt le fruit du bien, vous jettez un œil de bienveillance ſur l'Ecrivain eſtimable, & les intègres Miniſtres, qui ſecondent vos desseins, n'emploient plus leur crédit pour nuire à personne.

Les calamités de la France ont affecté mon ame, l'ont pénétrée du noble projet de présenter des lumières qui ne sauroient nuire, & qui peuvent produire le bien de l'Etat. Elles peuvent faire reconnoître d'où part le mal, les inconvéniens qui ont arrêté trop long-tems la France à se tirer du mauvais pas où elle est ; j'ose insister sur le premier moyen que j'ai donné de la Caisse patriotique, conforme aux vœux de l'Auteur de l'*Etat libéré* avec qui je me suis rencontrée sur cet objet, & dont je m'applaudis, puisque cette rencontre prouve que les véritables François pensent tous de même ; j'ose assurer que ce moyen est le seul bon, le seul praticable & le seul qui ne déplaira à personne ; j'ose attester que l'esprit François renaîtra à l'ouverture de cette Caisse. Le Roi, l'Etat, les Parlemens & le Peuple, doivent, dans cette circonstance, se réunir ensemble pour soutenir sa gloire & son nom. Ah ! quel moyen eſt plus propre pour former cette union que cet impôt volontaire que je propoſe encore ! Voyez ce que vient de faire Quimper ; cette petite Ville s'eſt immortaliſée. Mais il faut convenir que les habitans en ſont grands, généreux, enfin véritables François. Ils offrent à leur Prince une ſomme que les grands, les riches & les pauvres, ont formée enſemble au profit de la dette nationale ; cette offre eſt faite comme de reſpectueux enfans qui viennent au ſecours de leur père, dont la fortune eſt obérée ; c'eſt préciſément mon projet, ou celui de l'*État libéré.* Ah ! ſans doute, toute la France imitera Quimper ; il n'y aura pas juſqu'aux hameaux qui n'apportent à cette Caiſſe.

Les têtes mal-organiſées prétendent que l'égoïſme règne ſeul en France ; mais ſi cet égoïſme empêchoit la perte du royaume, je dirois que cet eſprit pourroit encore régner long-tems ; cependant comme chacun eſt intéreſſé à cette perte, cet eſprit diſparoîtra à l'ouverture de la Caiſſe patriotique.

Elle exterminera cet affreux égoïſme, qui tient le François dans l'inaction & dans un abandon d'idée épouvantable; on verra auſſi-tôt l'amour des François & la gloire de ſon pays ſe ranimer pour ſa patrie. La richeſſe de l'Etat eſt la pierre fondamentale du bonheur du peuple. Le peuple me dira-t-on, eſt écraſé, comment donc pourra-t-il relever l'Etat? Auſſi n'eſt-ce point l'intention du Monarque d'achever de l'accabler; il n'aſſemble ſes Etats-Généraux que pour le ſoulager. Mon impôt volontaire ne tend qu'à fléchir les riches; ces ſouverains de la fortune à qui je repréſente les dangers de la nation, leurs dangers particuliers: ſi le peuple déſeſpéré ſe livroit au dernier excès, que deviendroient-ils eux-mêmes? Ne ſeroit-il pas plus beau & plus ſalutaire d'offrir à l'Etat des réſerves immenſes que les favoris de la fortune cachent dans le fond d'un coffre-fort? Ajoutez à cet impôt ceux que le Roi a droit d'impoſer ſur toutes les entrepriſes & graces accordées par Sa Majeſté;

tout ce qui eſt graces, entrepriſes, privilèges, appartient au Roi, & ſans obérer ſon peuple, il peut faire les rétributions à ſon gré ſur ces objets. Par exemple, ſur l'article des Spectacles, où je vais me permettre des réflexions utiles & profondes.

Après avoir porté mes yeux ſur les établiſſemens utiles des hommes dans mes rêveries patriotiques, je n'en dois pas moins blâmer l'excès, dans cet ouvrage: on a trop multiplié les Spectacles.

Il ne devroit y avoir à Paris que quatre Spectacles, ſavoir: deux François, l'Opéra, les Italiens, & un Tréteau ſeulement pour le peuple. J'obſerverai cependant que dans cette circonſtance il faut les laiſſer exiſter tous, &, s'il étoit poſſible, les augmenter encore. On pourroit faire de leurs excès un profit, pour contribuer à libérer la dette nationale. Jamais le Spectacle n'a été plus couru qu'actuellement : on ſe prive des beſoins néceſſaires, pour ſe procurer ce plaiſir; l'Etat eſt obéré, le peuple eſt écraſé : excepté les Comédiens François & Italiens & les Directeurs des petits Spectacles, tout est plongé dans la détresse.

Une actrice doit-elle avoir un état de maison & des voitures comme une Princesse du sang ? Un Comédien une Seigneurie & un équipage de chasse ainsi qu'un Prince ? Ah ! sans doute Molière se seroit bien gardé de se donner ce ridicule. Quoique je critique ceux de nos jours, je les crois trop sages & trop raisonnables, pour ne pas goûter la justice de mes observations.

Il y a des Comédiens dont la conduite régulière édifie les personnes les plus respectables. Alors le préjugé ne tombe nullement sur eux, & j'ose croire que quand on s'empareroit de la moitié de leurs profits tous les ans, jusqu'à la liquidation de la dette nationale, ils n'en murmureroient pas.

Les privilèges des Comédiens ne sont-ils pas des bienfaits du Roi ? S'il est le maître de réduire les pensions, n'est-il pas le maître de prendre les ſpectacles au profit de l'Etat? Tous les Corps feront des offres au Gouvernement, excepté ceux des Comédiens: il faut donc leur indiquer de rendre à Céſar ce qui appartient à Céſar. En mettant les Comédiens François & Italiens au *taux* des acteurs de l'Opéra, ſeroient-ils bien à plaindre? Quand les Directeurs des petits ſpectacles n'auront qu'une penſion de ſix à ſept mille francs, les voilà bien malades? Quand le Monarque réduit ſa dépenſe, des Comédiens pourront-ils craindre de l'abaiſſer?..

Les Etats-Généraux aſſemblés, jetteront leurs vaſtes lumières, ſur tout ce qui pourra contribuer à acquitter les dettes de l'Etat. Pourront-ils s'empêcher de jetter les yeux ſur les ſpectacles & ſur les profits immenſes des Comédiens, ſur l'utilité de la contribution qu'on a droit de leur impoſer? Le Public ne ſe plaindra point de cet impôt, & il y applaudira, au contraire, de grand cœur. On ira encore avec plus de plaiſir au ſpectacle

Je voudrois que les ſpectacles de province fuſſent impoſés à cette même contribution, ainſi que ceux de la capitale. On a mis en régie les poſtes, les meſſageries, les diligences, les cuirs, l'amidon, & on laiſſe jouir les Comédiens d'une fortune immenſe, tandis que le génie des Auteurs appartient eſſentiellement à la Nation, & peut contribuer à réparer ſes pertes, car le produit des théâtres eſt immenſe, & le profit qu'on pourroit en prélever, ſans faire tort aux acteurs, iroient à plus de quatre millions par an, & je préſume que ce profit iroit auſſi haut que celui des loteries.

Je ſuis loin cependant de prétendre de mériter ſeule l'attention du Gouvernement & de mes compatriotes, dans ces remarques patriotiques. Des hommes bien plus inſtruits que moi ſur la politique des Gouvernemens peuvent en faire de plus utiles, mais j'en reviens à mes remarques. Dans mes rêveries patriotiques, j'ai rencontré tant d'hommes oiſifs dans les grandes villes qui ne font qu'entretenir la molleſſe & les vices. Pourquoi ne point occuper cette quantité d'hommes aux terres incultes, puisqu'ils sont inutiles dans les capitales. Que le Gouvernement donne toutes les terres en friche du Royaume à des sociétés, ou à chaque particulier la portion qu'il pourra cultiver ? C'est le meilleur moyen de sauver un tiers du peuple d'une foule de précipice qui se trouve sans cesse sous ses pas, & de débarrasser la société d'une quantité d'hommes inutiles dont la mollesse & la misère font des scélérats. La plupart de ces terres seroient consacrées à élever des bestiaux qui manquent depuis quelques années en France, & qui privent le malheureux d'un bouillon quand il en a besoin, tant la viande est devenue exorbitamment chère.

Mais le Roi bienfasant, aidé de ses Etats-Généraux, réparera bientôt les maux qui ont assiégé son Royaume. Oui, Peuple infortuné, les vertus de votre Monarque sont inépuisables, & les effets vous feront recouvrer votre joie naturelle, ce qui rendra ſon nom toujours cher à la France. A la tête de la Nation il nous promet « qu'il » concertera les diſpoſitions propres à con- » ſolider pour toujours l'ordre public & » la proſpérité de l'Etat ».

PROJET D'IMPOT,

Etranger au Peuple, & propre à détruire l'excès du luxe & augmenter les finances du trésor, réservé à acquitter la dette nationale.

Le luxe : c'est un genre de mal qui ne se doit guérir que de lui-même, par exemple, les goûts exquis qui s'en vont écrasant, renversant tout ce qu'ils rencontrent sous leur passage : un bon impôt sur ce luxe effréné : ah, combien l'humanité applaudiroit celui-ci ! qu'importe au petit-maître de payer vingt-cinq louis par an le plaisir de se casser le cou ou de se briser quelques membres ? Cet impôt n'arrêteroit pas les goûts exquis, & si cela étoit, combien les pauvres piétons béniroient cette révolution humaine ; les cabriolets plus modestes, mais qui n'en sont pas moins pernicieux, ne payeroient que la moitié de ce droit.

Pour les voitures des petites-maîtresses, encore un impôt ne leur feroit point de mal, elles n'en seront pas moins triomphantes. Je voudrois que l'on mît, par exemple, un impôt utile sur les bijoux comme sur les modes qui se multiplient du matin au soir, & du soir au matin.

Un impôt encore aussi sage qu'utile, seroit celui qu'on pourroit créer sur la servitude; plus un maître auroit de valets, plus son impôt seroit fort.

On devroit créer encore un impôt sur le nombre des chevaux, des voitures, des chiffres & armoiries; la voiture simple caractériseroit l'homme qui ne pourroit s'en dispenser; le chiffre, le luxe, & les armoiries, l'orgueil; ce qui doit payer davantage que le modeste & l'indispensable.

Un impôt qui est très-visible & qu'on n'a pas encore apperçu, c'est celui qu'on pourroit mettre sur tous les jeux de Paris, comme Académies, Maisons particulières, Palais des Princes & Seigneurs.

Si on vouloit encore asseoir un impôt sur

la peinture & ſculpture, il ne ſeroit pas ſi déplacé.

Le peuple ne ſe fait ni peindre, ni ſculpter, ni décorer ſes appartemens. Un tel impôt ne peut nullement lui nuire, ainſi que tous ceux que je mets ſous les yeux du Roi & de la Nation, & qui peuvent enſemble rapporter gros à l'Etat. Sans notions de Géométrie & de Finances, j'oſe garantir, par mon plan, la dette nationale acquittée avant cinq ans révolus, & l'effet fera reconnoître ce que j'avance ici. Peut-être ſerai-je aſſez heureuſe pour voir l'accompliſſement de mes ſouhaits ; tous mes impôts ſont d'une nature à ne révolter perſonne, excepté les petites-maîtreſſes & les petits-maîtres ; mais leur fiel n'eſt pas meurtrier, & le public applaudira à mes projets.

Que l'impôt volontaire ſoit à la tête de ceux que j'indique, & je devance mon époque au moins de quatre années. Nous chanterons enſuite en chorus : Vive la France, vive ſon Roi, & vive la Patrie.

Il eſt reconnu que le luxe, chez tous les Peuples & dans tous les tems, a entraîné la décadence des Etats, la force & le courage des hommes. La France nous offre aujourd'hui ce terrible exemple; quel moyen le Gouvernement pourra-t-il trouver pour arrêter ce luxe effréné? Eſt-ce un Arrêt, eſt-ce un Édit? Sont-ce les défenſes du Parlement qui pourront produire cette ſage révolution? Non, ces moyens ſont impraticables; mais que le Gouvernement, d'accord avec les Parlemens, faſſent ſortir des impôts qui corrigent l'excès du luxe. Si ces impôts n'acquittent pas la dette nationale, le public deviendra plus modéré dans ſes caprices déréglés, & les grands Seigneurs donneront ſans doute les premiers cet exemple; les ſuites prouveront combien ces impôts deviendroient ſalutaires. Les beſoins de la France ſe ſont multipliés depuis Henri IV; le luxe en a créé une immenſité d'inutiles; les fortunes & les revenus ſe ſont-ils augmentés? Et les terres cultivées ont-elles rapporté au taux de toutes les dépenses? C'eſt ce qu'il faut réduire ; & ce n'eſt point à moi & à mon ignorance à montrer le tableau de cette comparaiſon. Je ne donne ici qu'une ébauche de mes idées; c'eſt à la Nation aſſemblée de ſavoir ſi elles méritent d'être approfondies, & ſi l'on peut faire de cette eſquiſſe un portrait frapant du bien qui peut en réſulter. J'ai fait un ſonge, & à quelques expreſſions près, je vais le raconter à la Nation. Ce ſonge, tel biſarre qu'il ſoit, va lui montrer un cœur véritablement citoyen, & un eſprit toujours occupé du bien général. Mon imagination pleine de tous ces projets en faveur de la France, m'a pourſuivie juſque dans mon ſommeil. Que les François ne me jugent point ſur un ſonge; qu'ils ne penſent pas que je veuille les endormir par ce genre de compoſition; mais les fictions que j'ai eues ſont tellement frappantes & patriotiques, que je ne peux me diſpenſer de les rapporter à la fin de ces remarques.

SONGE DE L'AUTEUR.

C'EST dans les bras de Morphée que j'ai cru me promener aux Tuilleries; il me sembloit entendre une musique martiale; tout le monde couroit, & tout-à-coup je me suis vu seule au milieu de ce vaste jardin. Le soleil terminoit son cours, & la nuit commençoit à étendre ses voiles. Craintive de mon naturel, dans un lieu isolé, je me suis senti douée à l'instant d'un courage intrépide. Je me suis assise au pied d'un arbre, & il m'a paru que je m'endormois une seconde fois. Tout-à-coup je me suis réveillée par un spectacle ravissant; les Tuilleries étoit tout-éclairées; les objets qui se sont présentés à ma vue étoient des hommes d'une taille extraordinaire; ils étoient vêtus uniformément, & ce costume, quoique simple, me paroissoit noble comme celui du tems d'Henri IV : ils n'avoient point de chapeaux, mais des eſpèces de bonnets rouges quarrés, d'où il ſortoit une quantité de lumières : ils tenoient à une main un flambeau formidable, ſur lequel ils s'appuyoient, l'autre main étoit libre; &, malgré que leur marche fût impoſante & grave, ils recevoient, avec plaiſir, de cette main, tous les Mémoires & Manuſcrits qu'on leur remettoit. Ce genre de géant portoit une figure affable & prévenante en leur faveur. Je me levai, & je ſuivis la foule; j'admirois ce ſpectacle; mais comme les femmes ne ſe contentent pas d'admirer, & que la curioſité démaſque toujours leur ſexe, je ne pûs m'empêcher de demander qui étoient ces géans? les foux me rioient au nez, les ſots me faiſoient des queſtions aſſommantes. Enfin, ces graves perſonnages entrèrent dans le Palais des Tuilleries, & les grilles ſe fermèrent. Quoi, m'écriai-je, ne puis-je ſavoir quelle eſt cette auguſte aſſemblée? Comment, me répondit un ſage, pouvez-vous méconnoître les Etats-Généraux?

Eh, Monſieur, lui dis-je, que ſignifient tous ces Manuſcrits qu'on leur a préſentés, & qu'ils ont reçus avec tant de grace. Ce ſont, me répondit-il, les idées de tout le monde, & il n'ont garde de refuſer celles de perſonne ; ils goûteront les bonnes, & rejetteront ce qui eſt inutile. Hélas! m'écriai-je, pour la ſeconde ou la troiſième fois, & ma lettre au Peuple, & mes Remarques patriotiques! que deviendront-elles? A ces mots, tous le Peuple m'entoura, & me témoigna, par des expreſſions naturelles & non choiſies le regret qu'il avoit, ainſi que moi, de n'avoir préſenté ces deux Ecrits, où il eſt mention de leur misère & de leurs maux. Seuls Ecrits, malgré la quantité de productions, dans leſquels on s'occupe véritablement du Peuple. Mes regrets étoient inexprimables; je m'en retournois triſte & rêveuſe ; lorſque le canon frappa tout-à-coup mon oreille. Une nouvelle cérémonie s'offre à mes yeux; c'eſt le Régiment des Gardes-Françoiſes & Suiſſes, des Gardes-du-Corps & Gendarmes, tous montés ſur de ſuperbes courſiers; mais ſans armes, & n'ayant pour toute défenſe qu'une branche d'olivier. Au milieu de cette eſcorte j'apperçus un arbre touffu; j'étois curieuſe d'approcher de cet arbre, qui paroiſſoit chargé immenſément de fruits ſuperbes. Un grouppe de Peuple m'enveloppe & m'entraîne au pied du char qui portoit cet arbre. O ſupriſe admirable! je vois mon Roi Louis XVI, en perſonne, qui me tend la main, & me prend gracieuſement ma Lettre au Peuple. Je découvre, à ſes côtés, une femme voilée qui arrache ſon voile, & qui me tend de même la main. Cette nouvelle ſurpriſe répand dans mon ame une ſatisfaction pure & enchantereſſe, en reconnoiſſant que c'étoit la Reine. Cette aimable candeur qui ſe répand ſur ſon front auguſte, ſon air affable & compatiſſant me déterminèrent à lui préſenter mes Remarques patriotiques. A peine a-t-elle jetté les yeux ſur cet écrit, que je vois couler ſes larmes. Elle ſe lève, elle ſecoue elle-même l'arbre, & tous les fruits tombent auſſi-tôt dans les mains du peuple. Les fruits qui couvroient cet arbre , cachoieut la couronne du Roi qui étoit attachée au ſommet & qui reſta ſeule à découvert. Le peuple, dans une joie inexprimable des bienfaits & de la généroſité de la Reine, ſe met à ſes genoux. Le Roi prend la parole, & dit au peuple en regardant ſa, couronne. « Vous la » voyez cette couronne, fille de l'ambi» tion ; cet inſtrument du malheur des » meilleurs Rois. Henri IV, mon ayeul, » qu'on reconnut trop tard, & qu'on » regretta ſi long-temps, lui doit ſon » trépas ; mais en marchant ſur ſes nobles » traces, je ne veux la conſerver que pour » vous défendre & pour vous rendre heu» reux. » Auſſi-tôt j'entendis mille cris d'allégreſſe. Ce ſpectacle diſparut devant mes yeux, & je me retrouvai au pied de mon arbre, où il me ſembla retrouver le ſommeil ; il me parut même que je dormois depuis quelques jours. Enfin je me réveillai encore toute endormie, & je cherchai à reprendre mon chemin ; je gagnai le Pont-Royal ; je vis tout le monde vêtu différemment. Les vêtemens étoient devenus presqu'uniformes ; les jeunes gens n'étouffoient plus dans leurs gilets rétrécis, & dans leur espèce de caleçons ridicules, qui les rendoient droits comme une toise, & plaisans comme des pantins. Tous ceux que je rencontrai avoient l'air aisé & honnête, sur-tout ils me paroissoient être très-polis ; car ils ôtoient leurs chapeaux à toutes les femmes qu'ils rencontroient. Je prends la rue du Bacq ; mais quelle est ma surprise & mon étonnement ; cette rue, quoique dans l'hiver & qu'il eût plu, étoit propre comme une cour bien entretenue ; j'avois tant de plaisir à la parcourir, que je fus jusqu'au bout, & par-tout la police étoit bien observée ; mais ce qui me surprit davantage, ce fut de ne plus rencontrer ni wisky, ni cabriolet, ni voiture, ni charette à pierre, ni tombereau à boue ; cependant j'apperçus quelques voitures simples & modestes qui alloient d'un pas lent, & je remarquai auſſi que ceux qui étoient dedans étoient vieux ou infirmes. Je repris la rue de Sève, & je m'acheminai juſqu'à la Croix-Rouge, où je ne vis ni fiacre ni brouette. J'arrive devant un hôtel que l'on bâtiſſoit; mais ce genre de bâtiſſe me paroiſſoit d'une ſolidité qui égaloit ſa beauté. Je m'arrête un inſtant devant cet hôtel, & je vois un homme d'un âge raiſonnable qui corrigeoit un petit jeune homme. Pluſieurs maçons prirent ſa défenſe, & le maître maçon à la fin ſe laiſſa fléchir. Quoi, ce diſoit-il, ce bourreau, ſans ceſſe me fera des ſiennes; voilà trois fois qu'il me fait mettre à l'amende, & le gain de cette bâtiſſe ne ſuffiroit point à payer ſes ſottiſes; il ſait qu'il eſt défendu par ordre du Roi & de ſa Cour de Parlement, de faire marcher les charettes à pierres & moellons dans l'été, paſſé cinq heures du matin, & ſept heures dans l'hiver: nous ſommes dans les jours longs, & le petit mauvais ſujet s'obſtine à faire charger les charretiers à ſept heures ſonnées. Eh bien ! cette loi, répond le petit garçon, n'a pas de bon ſens, on ne peut pas toujours être à l'heure juſte. Comment, petit effronté, reprit le maître maçon en colère, tu voudrois changer les loix du Royaume, qui ſont aujourd'hui ſi traitables & ſi humaines ; ne te ſouviens-t-il plus d'avoir eu les jambes caſſées par un maudit wisky; ne te ſouviens-t-il plus que ton père a été écraſé par un tombereau de pierre ; ne te ſouviens-t-il plus de ces bagarres en plein midi de fiacres, de charrettes, de tombereaux, de voitures bourgeoiſes, de wisky & de cabriolets, & juſqu'aux brouettes qui ſe faiſoient fracaſſer dans ces bagarres ; ne te ſouviens-t-il donc pas que les rues reſtoient quelquefois quatre heures d'horloge à ſe déboucher, & que tout dépériſſoit dans ces entraves effroyables, que les gens de pied étoient à chaque inſtant eſtropiés ou tués.... Actuellement depuis l'heureuſe Aſſemblée de la Nation, on ne voit plus de ces funeſtes tumultes; depuis deux heures du matin juſqu'à cinq en été, & juſqu'à ſept en hiver, les boueurs ont ordre de nettoyer Paris, les charettes de pierres & de moellons, d'approviſionner la capitale aux mêmes heures. Toutes charettes lourdes & pernicieuſes ſont proſcrites, paſſées ces heures-là. Les charrettes des blanchiſſeurs ſeulement ont le droit d'aller & venir à toutes heures, parce que cela n'arrive que deux fois par ſemaine; d'ailleurs ces charrettes ſont légères & attelées modeſtement. Ne voudrois-tu pas, ajouta-t-il, interrompre cet ordre admirable; car depuis que l'on approviſionne Paris la nuit, il y a bien moins de malfaiteurs. Cette prudence humaine garde Paris plus qu'on ne l'avoit prévu dans le plan de cet arrangement. On n'avoit fait que détruire les dangers du jour, & l'on a prévenu en même temps ceux de la nuit. D'ailleurs chaque voiture de charrois eſt éclairée & accompagnée de pluſieurs ſoldats. A chaque barrière il y a des corps-degardes qui en fourniſſent tant qu'il en eſt beſoin. Que veux-tu de plus admirable que ces loix ſages & plus qu'humaines.

Je reſtai ébahie d'un ſemblable diſcours, & je reconnus tous les changemens qui s'étoient faits pendant mon ſommeil; j'arrive enfin dans la rue des Boucheries. Cette rue infecte me parut totalement avoir changé de forme ; ce n'étoit plus ce ſang dégoûtant des animaux qui couloit dans les ruiſſeaux, cette odeur méphitique qui empoiſonnoit les paſſans ; c'étoit une odeur ſuave & ſucculente. Tous les bouchers en étoient chaſſés, & c'étoit à la place de ces étaux qu'il ſe trouvoit de fameux rotiſſeurs & d'excellens traiteurs ; le ſieur Pothiez, dont le goût eſt exquis dans l'art des reſtaurateurs, étoit toujours à leur tête. On voyoit à la place de ces mots, rue des Boucheries : *rue des Friands*. Je demande en bas de la rue de Condé à un apothicaire aſſez plaiſant, d'où vient ce grand changement; mais comme il parle toujours par monoſyllabes, il ne me répondit pas auſſi clairement que je l'aurois déſiré. Je m'en allai en colère, en lui diſant qu'il m'impatientoit à l'excès; mais le mauvais plaiſant me répliqua, s'il ne me falloit pas encore quelques gouttes d'opium pour me rendormir & faire de nouveaux ſonges. A ces mots je me réveille & je reſte anéantie; tout-à-coup j'entends un bruit épouvantable dans la rue. Je me lève & je vois le grand jour. Je cours vîte à ma croiſée; ô ſurpriſe moins flatteuſe que celle de mes fictions! c'eſt une bagarre effroyable dans ma rue, des tombereaux ſont accrochés avec des fiacres, une bande de bœufs montant ſur la roue des voitures, préſentent leurs têtes énormes & meurtrières aux portières de ces triſtes ſapins, & font frémir ceux qui ſont dedans. Des bandes de cochons & de moutons arrivent à grands pas; & je reconnois que mon aimable ſonge n'eſt qu'une illuſion trompeuſe. Je l'ai ſans doute étendu; mais le fonds en eſt vrai: & comme il n'eſt pas plus défendu de faire de mauvais ſonges que de mauvais livres, j'ai cru que je pouvois écrire celui-ci. Et ſi mes Remarques, de même que mon Songe, n'ont pas tout le ſel & toute la profondeur dont ils ſeroient ſuſceptibles ; du moins j'ai montré tout ce que je ſens, & tout ce que je deſire pour le bien de ma Patrie. Ce ſeul but doit m'obtenir non-ſeulement l'indulgence des critiques ſur une matière auſſi épineuſe que difficile à traiter, auſſi abſtraite que politique, auſſi ſtérile qu'inſipide pour ce ſiècle frivole ; mais encore l'eſtime des belles ames & de tous les bons Citoyens.

FIN.

www.ingramcontent.com/pod-product-compliance
Ingram Content Group UK Ltd.
Pitfield, Milton Keynes, MK11 3LW, UK
UKHW021947260726
13994UKWH00004B/1595

9 782329 427904